AF349444

DESEOS DE UN MANICOMIO

MIRIAM SÁNCHEZ ARNÁIZ

DESEOS DE UN MANICOMIO

EXLIBRIC

ANTEQUERA 2020

MIRIAM SÁNCHEZ ARNÁIZ

DESEOS DE UN MANICOMIO

Da igual la cara que
te pongas, todas te
quedan bien.

Relajante natural

Te sientas. Enchufas tus auriculares y te los colocas despacio, mientras piensas qué ha pasado. Abres la aplicación y te vas a la *playlist* «Música para llorar». Me encanta ser masoquista y escuchar música triste cuando estoy triste, para estar todavía más triste. En ese momento, solo quiero llorar hasta que mis problemas se desvanezcan por las lágrimas que caen por mis mejillas y rompen en mis piernas. Desaparecer entre lamentos y volver a nacer entre suspiros; quitarme los auriculares y, por fin, poder dormir. El mejor relajante natural contra los conflictos de la mente.

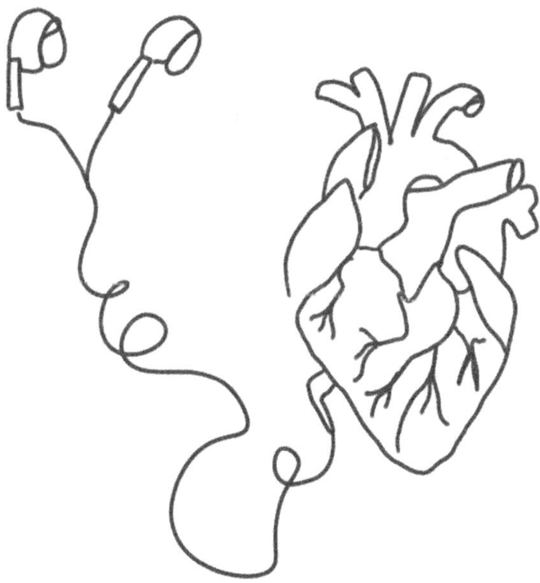

Florecer

Abrázame fuerte, hasta que las raíces de mi corazón salgan al exterior y se conviertan en las preciosas flores que me definen.

Música para mis oídos

Cantar a pleno pulmón, sin afinar, sin importar quién te vea. Que te haga sentir, que te haga vivir, que te haga soñar. Que lo más importante siempre sea bailar y disfrutar del proceso, no del final. Porque, al fin y al cabo, en esta vida estamos dispuestos a todo y escucharte reír siempre será música para mis oídos.

Siempre

Soy fan de sonreír, aunque todo por dentro esté destrozado.

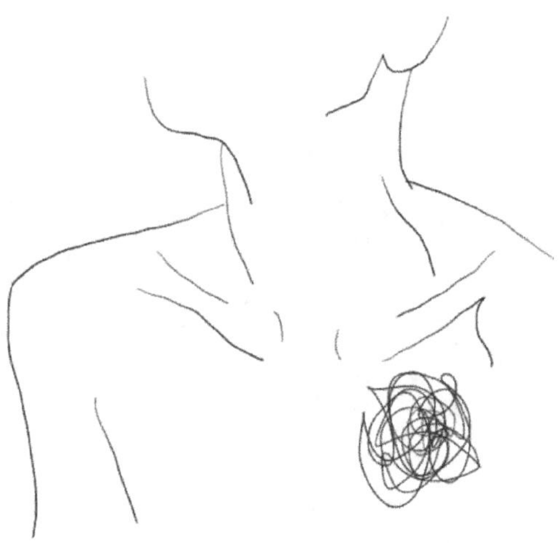

Tus manos

Me flipan tus manos y la forma en la que coges las cosas. Tus caricias, tus masajes de inexperto, tus cogidas de mano en los paseos, incluso cuando agarras el volante mientras conduces. Me siento obsesionada con ello y no puedo evitarlo. Lo mismo que con tus besos.

Tu conversación

—Shhh, ¿qué quieres?
—Besarte.
—¿Por qué?
—Porque me encanta.

Esta siempre será mi conversación favorita.

Silencios

Los silencios otorgan miradas, viajes en el tiempo, llamadas al subconsciente que trastocan la realidad, brisas de oportunidades, sonrisas de recuerdos, olores a libertad, nuevos retos.

Sinceridad.

De repente, te encuentras tu cuerpo desnudo ante el mundo. Eres tú, pero no eres lo que muestras al mundo. Eres tú de verdad.

Sin tapujos, sin filtros, sin mentiras.

Y es entonces, ahí, cuando te das cuenta de que ni tú mismo te conoces de verdad y sabes que nunca más terminarás de conocer a alguien.

Una verdadera guerra

No sabes quién eres hasta que te toca luchar. Cuando la vida fija un punto, es el momento de armarse, de colocarse la armadura y salir a combatir. Abres el armario, coges tu pañuelo favorito y empiezas la marcha que te llevará un día no muy lejano hacia la libertad que tú misma has ansiado. Porque en esta lucha solo hay una guerrera, la cual lidera su guerra por dentro y es capaz de demostrar al mundo que todo está bien. Porque no todo dura para siempre y tras la lluvia, siempre escampa.

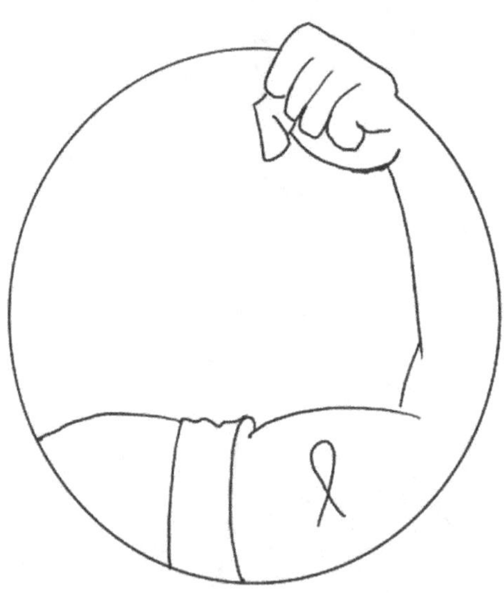

Recuerdos

Qué curioso es sonreír por recuerdos que no querrás volver a vivir nunca.

Cómo la vida cambia de parecer en un segundo y sin decir palabra.

Y es ahí cuando florecemos poco a poco, creando un precioso jardín en el interior de tu individual universo llamado cuerpo.

Soy así

Cuando vuelves de un lugar, a veces te gusta que te hayan echado de menos, que quieran pasar más tiempo contigo por haber estado lejos.

Soy de esa clase de personas a la que le gustan las máquinas de fotos; poder imprimir los recuerdos e impregnarlos en olores y la música a todo volumen mientras cantas a todo pulmón. Da igual en qué momento sea, pero siempre vale.

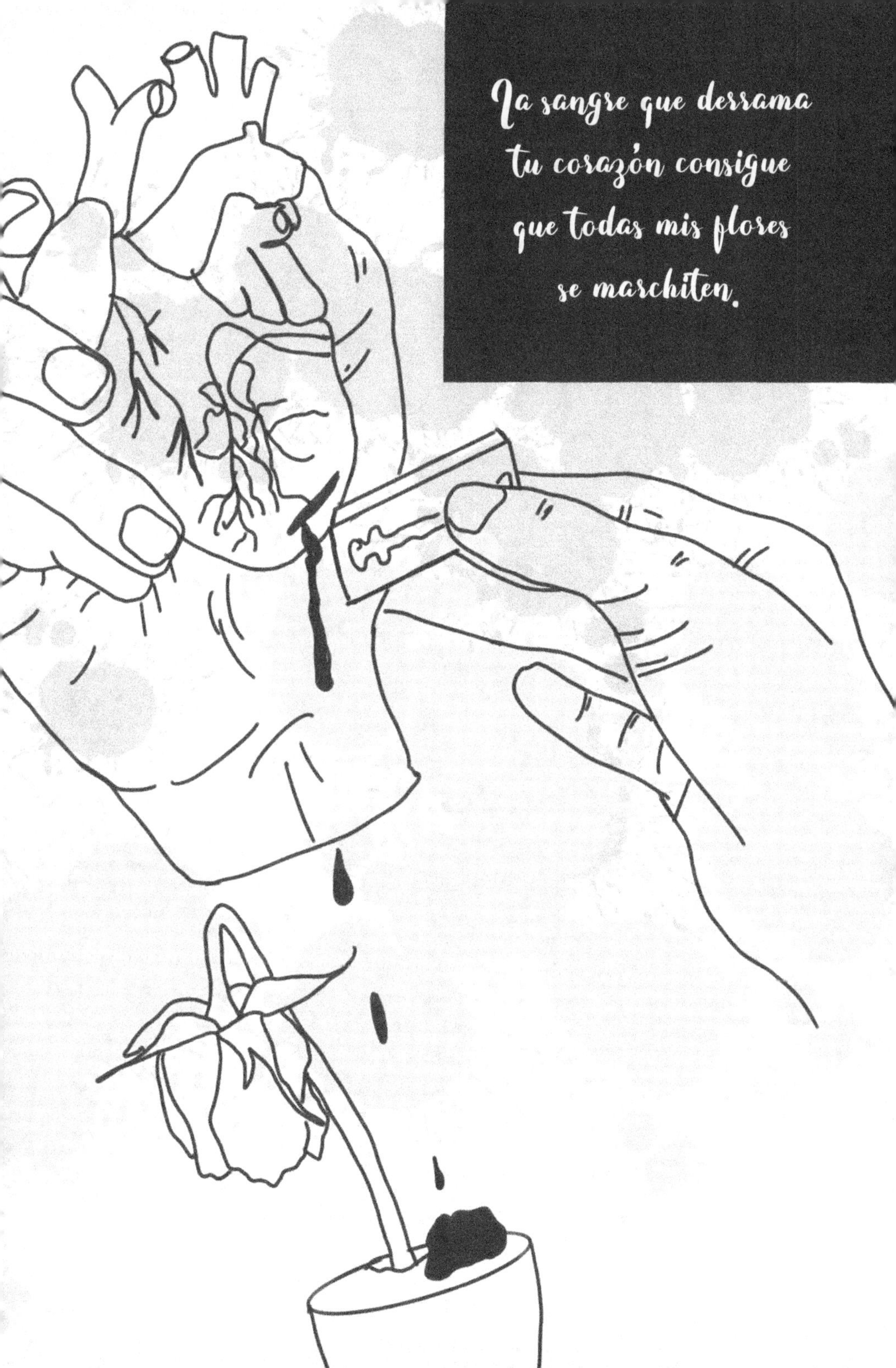
La sangre que derrama
tu corazón consigue
que todas mis flores
se marchiten.

Vivir

Para dos días que son la vida, sal y diviértete. No te amargues, no amargues. Tírate a la piscina, lucha por tus sueños, persigue tus metas, crea, actúa, vive, sueña, canta. Ganar o perder no es una opción, sino disfrutar.

Tus secretos

Existen secretos tan oscuros que, a veces, ninguna persona es merecida de escucharlos. Cuando esto ocurre, sentimos que nuestro corazón está completamente negro, marchitado, arrumbado. Cada vez late más despacio, sin importar cómo fluya la sangre por nuestras venas; los coágulos empiezan a amontonarse de manera continua; la sangre deja de tener oxígeno y todo empieza a complicarse. Un dolor fuerte parece taladrarme la cabeza; empiezo a encontrarme confusa sin saber dónde estoy ni qué quiero conseguir. Lo más deprimente es que no consigo ver mi vida pasar, ya que tengo a los pies de mi cama a la parca esperándome. Me cuesta ver con claridad qué está sucediendo y no dejo de darle vueltas a lo mismo: dónde estarán todos esos momentos que he vivido y cómo he podido acabar así, de repente, por una simple tontería.

Repentinamente empiezo a toser, cada vez me cuesta más respirar y ya no sé qué hacer. La habitación está demasiado vacía para quejarme, ya que nadie me iba a escuchar. Mi sufrimiento va por dentro y mi corazón parece estar perdido.

Me encuentro en una situación bastante incómoda, la cual no se la deseo a nadie, si no fuera porque todos hemos o vamos a pasar por algo similar. Al fin y al cabo, de secretos se trata.

Secret.

Tómame por loca

A veces, imaginar no es la mejor opción, porque luego, cuando no sale todo como lo habías creado en tu cabecita loca, vienen los enfados sin motivos hacia tu persona, y eso es un poco perturbador. Así, cualquiera me tomaría por loca.

Distancia incalculable

La distancia no rompe el amor, la confianza ni la unión. Los corazones son los verdaderos héroes del cuerpo que nunca separan almas, aunque el cerebro no esté de acuerdo de ellos.

El motor de la vida es capaz de dar las órdenes que el cerebro es incapaz de calcular y, por ello, los kilómetros no serán impedimento para dejar de amar.

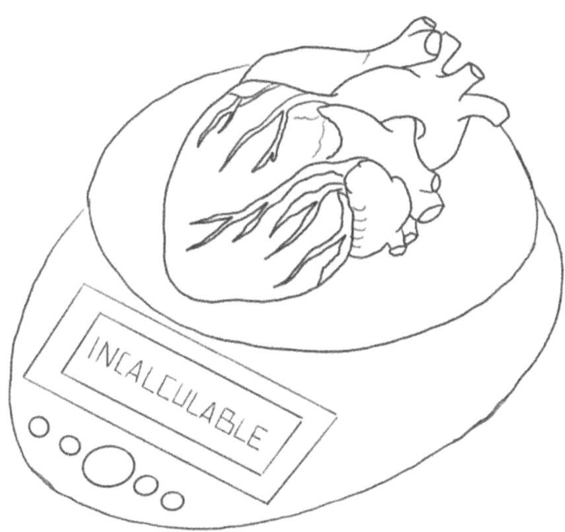

Por ti

Por ti, esa persona que siempre ha estado ante las adversidades, que quitaba cada piedra del camino del suelo que yo misma plantaba, para no verme tropezar, que con dos milésimas de segundos me cambia el semblante sin ni siquiera decir nada.

Por ti me levanto y por ti me acuesto. Por ti lucho y por ti me rindo.

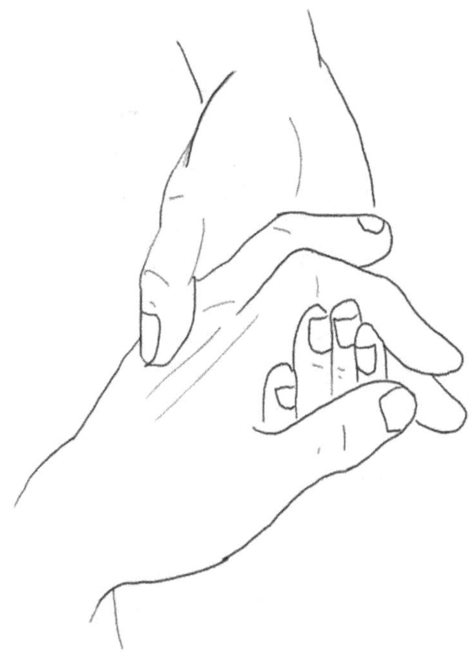

Un martirio

Ojos ensangrentados por la masacre que vieron durante cálidas noches que se consumían en alijos de dolor y sufrimiento. La verdadera poesía de su mirada decía con gritos lo que la misma boca no era capaz de pronunciar. Una noche tras otra que acabó en el más profundo agujero del que nadie jamás imaginó.

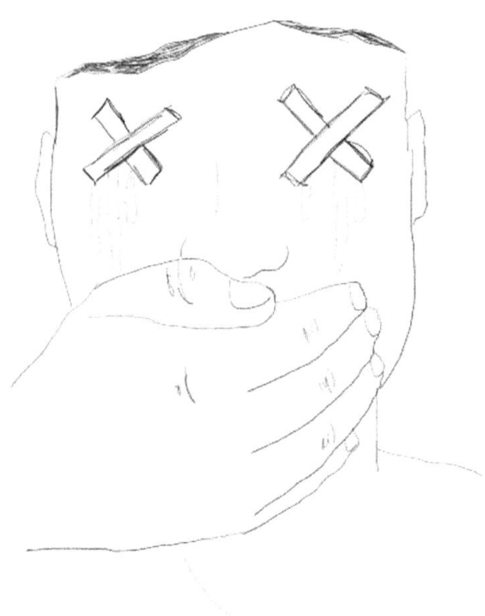

Menos mal

Menos mal que te tengo.

Felicidad

Que no sea tu rostro lo que defina tu actitud, sino la personalidad que te hace ser esa persona soñadora que eras hace años, cuando eras feliz.

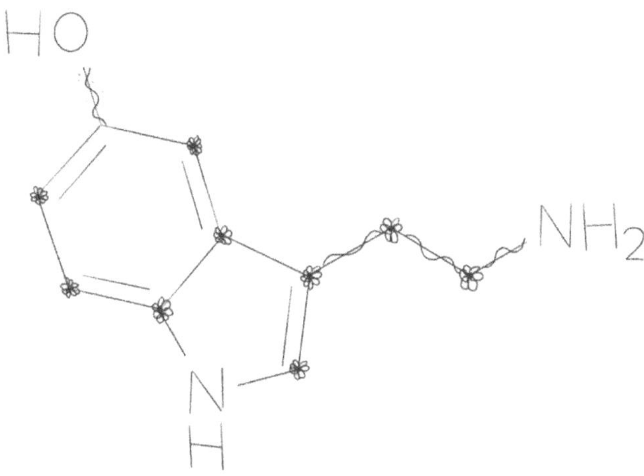

Querido amigo

Qué bonito es tener almas gemelas con las que compartir momentos y aventuras. Que con un simple buenos días te alegren la mañana y sepan con una simple mirada cuando algo ocurre.

Qué bonito poder ver a esas personas en tu propia boda, incluso en tu funeral o desde el cielo diciendo «siempre ahí mi gran amigo».

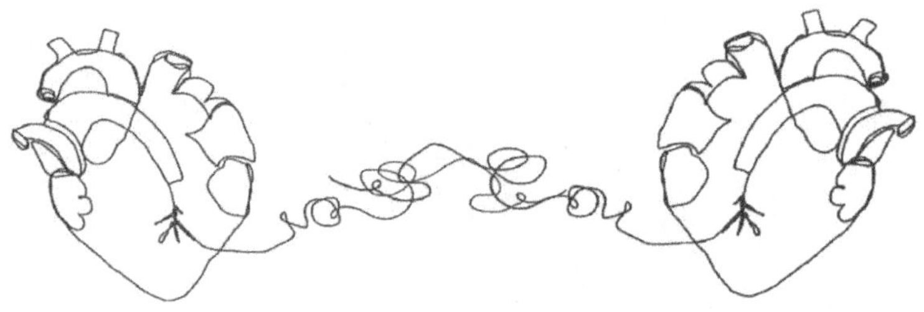

Estar lejos

Me deprime estar lejos de ti, tanto como pensar en olvidarte.

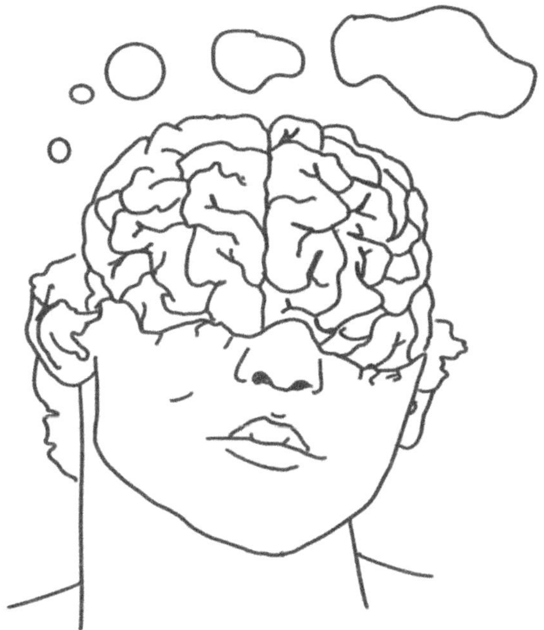

Para perder el tiempo,
me pierdo en tu mirada.

Tus bases

Qué bonita historia escondes tras esos preciosos ojos, la cual me encanta leer cada vez que tu mirada incide de lleno en los míos y construyes en mi mente un castillo de naipes tan débil que el viento podría tirarlo, pero tus bases son tan sólidas que resisten a cualquier huracán.

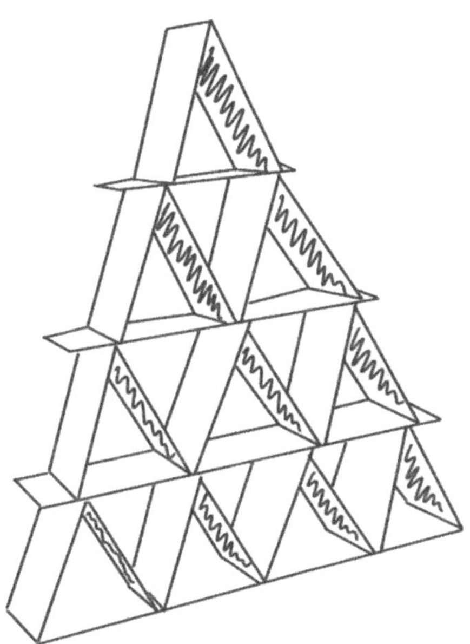

Volar

Tienes que ser capaz de quedarte, aunque te den la oportunidad de volar.

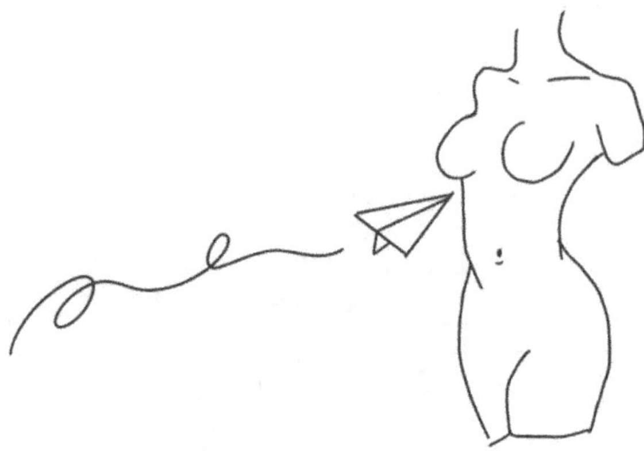

Coordenadas

Y tener tatuadas en el fondo de mi piel las coordenadas del lugar más precioso de aquel momento, el cual lo recordaré toda mi vida gracias a la hermosa sonrisa que vestías y a esa perfecta personalidad que te hacía deslumbrar allá donde ibas.

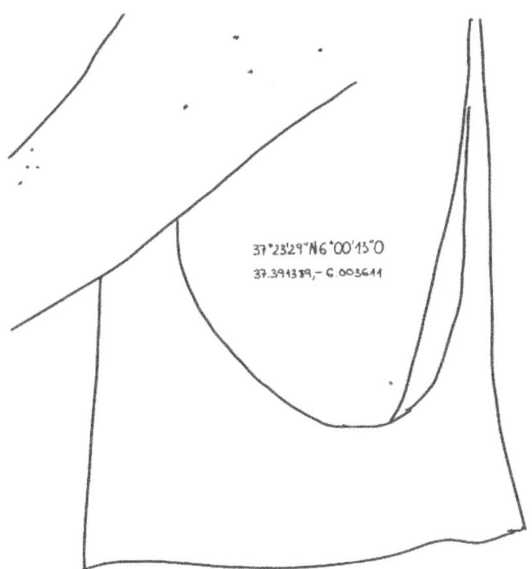

Nutrias

Seamos nutrias. Agárrame la mano, cerremos los ojos y perdámonos, pero juntos.

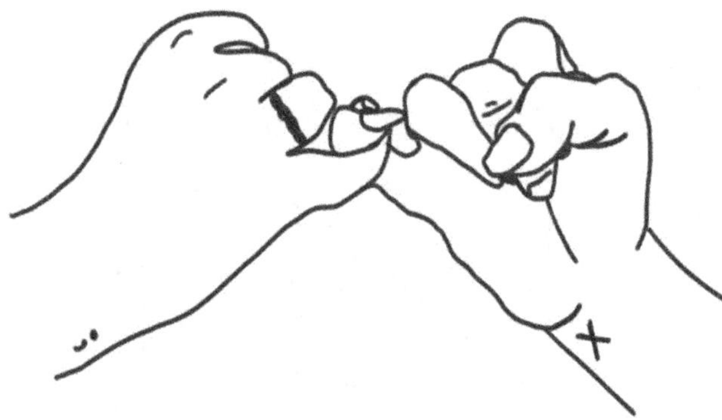

Oportunidad

A más de una persona le gustaría recibir una segunda oportunidad, aquella con la que sueñan día y noche poder retomar una nueva conquista, poder coger ese tren que les atropelló en marcha y salir ilesos. Lo que no saben es que las segundas oportunidades nunca son buenas, ni los segundos besos tan intensos como los primeros, ni las primeras relaciones tan puras como las segundas.

A veces, es necesario dejarnos de oportunidades y hablar de valor, de inteligencia y de agallas, para buscar vivencias donde antes veíamos obstáculos.

En polvo

Deseo exorbitante de desaparecer del mundo; de volar por las estrellas y aterrizar en medio del mar; de convertir en polvo todos mis sentimientos y desvanecerlos en el aire para olvidarlos. Justo así me gustaría sentirme, sin mover los pies de la tierra ni salir de mi cuerpo.

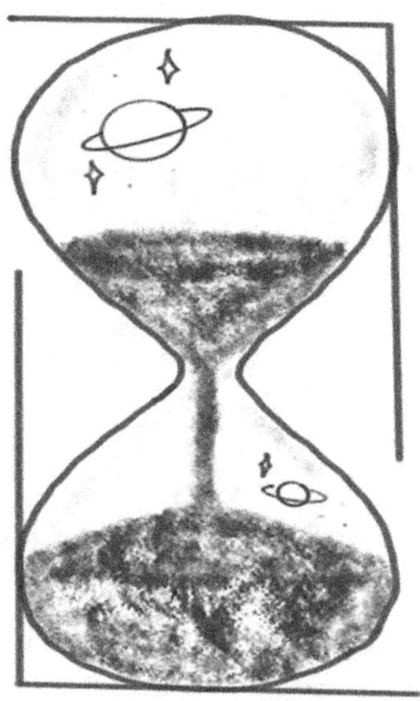

Juzgar

Date la oportunidad de conocer antes de juzgar, porque no sabes la cantidad de problemas que se pueden esconder tras una sonrisa.

Hipócrita

Y para qué despertar y ver la realidad de este mundo de mentiras, donde la hipocresía se adueña de nuestro lugar.

Contigo siempre

Ojalá seas capaz de expresar con lágrimas todas las vivencias que has pasado, regando así tu piel de nuevas alegrías, nuevos propósitos y nuevas metas.

Ojalá las lágrimas se conviertan en abono para tus labios y te atrevas a decir a voz viva por todo lo que estás pasando, porque por dentro no se grita igual que por fuera.

Estoy contigo, hermana.

Espejo

Es en ese preciso instante cuando todo cambia. Las luces se apagan, se cierran puertas y ventanas. Abres los ojos y ahí está. Tan callada, mirada baja, sonrisa fingida por tu presencia. La conversación fluye. Parece que todo va bien, pero todo se desvía; aparecen verdades que tú creías no saber, gritos, llantos, alguna que otra risa.

Su voz es peculiar; me tranquiliza, pero me acaba ardiendo, la llama me está abrasando. Quiero huir, desaparecer. La realidad que me cuenta no me agrada.

Te odio, pero siento que no puedo estar sin ti.

Vete, lejos, no te conozco.

Enciendo la luz y veo cómo se marcha, despacio, sin decir palabra, sin mirar atrás.

Cuando se aleja, al final del pasillo se detiene. Sostiene algo en la mano que no consigo ver hasta que la tengo a un palmo de mí. Lo suelta y estalla contra el suelo. Los pedazos llegan hasta mis dedos.

Me estoy cortando, pero no duele.

O eso creo.

O eso quiero creer.

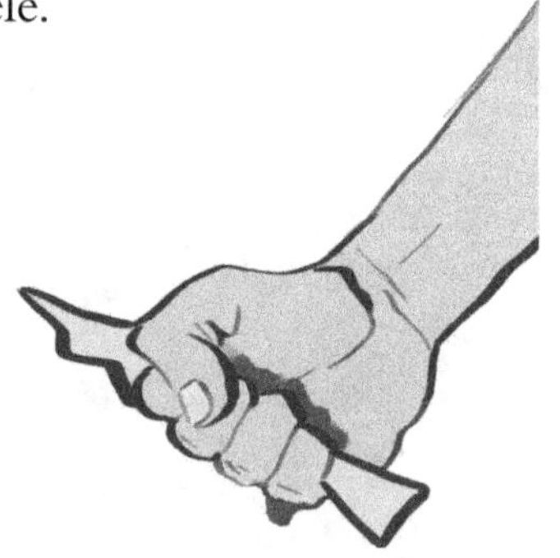

Que nadie
reprima tu
yo interior.

Afecto

De qué me sirve lo material si me falta la afectividad. Estamos equivocados con las demostraciones de amor a través del dinero y seguimos recurriendo a ello para expresarlo. No hay nada como un pequeño detalle de esa persona especial, para darte cuenta de quién está para todo y quién está para el convenio.

Mariposas

Que lo que sienta al verte solo sean las mariposas en el estómago que se crean en mi cabeza, y no la adversidad que me provocan tus vaivenes.

Tus brazos

Déjame vivir en tus brazos, mientras el mundo acaba.

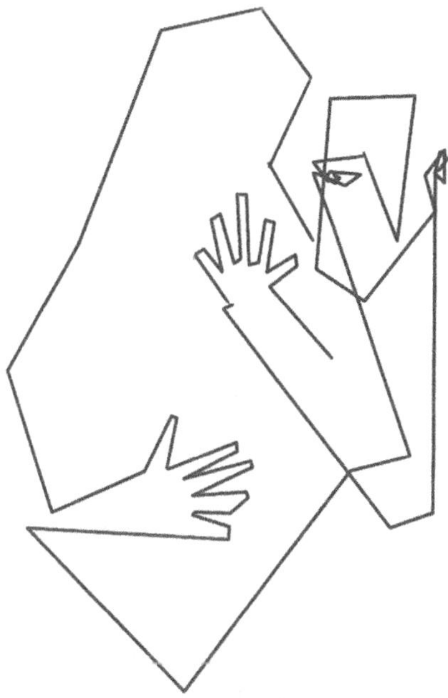

Zona de confort

La comodidad de mantenerte en tu ambiente, sin sobrepasar barreras imaginarias que tu mente las visualiza como enemigas. El placer de fantasear sobre la vida exterior, rezagado en la ventana de tu habitación. Pero todo llega a su final. Tu persona cada vez se hace más grande y tu zona de confort cada vez más estrecha. Es hora de avanzar, de arriesgar, de saltar. Y es ahora cuando los enemigos se desvanecen y la vida comienza a coger color.

Olores

Hay olores que mantienen la esencia de momentos que, quizás, no fueron tan amargos como pensabas.

Brillar

Hay que conservar a quien nos hace brillar.

Cantarme al oído

Lo que necesitas en tu vida es una persona alocada, que viva los vientos por ti; que disfrute de tu cuerpo y sepa valorarlo, sea como sea; que te cante al oído, aunque sea sin entonar; que te haga reír hasta que te duela la barriga y te dedique canciones en la distancia física; que pierda los papeles para hacerte feliz y rompa las normas por estar a tu lado.

Necesitas en tu vida a alguien que te complemente sin ser menos y que te sepa querer, al menos, la mitad de lo que tú te quieres.

Como balas de fusil

Ni el efímero y conciso enfado que provoca el desacuerdo entorpece el camino que hay construido y que queda por construir en nuestra mísera vida, en comparación con la muchedumbre que nos acapara en cada acción que realizamos. Y es por eso, vida mía, que mi apego a ti ni con miles de balas de fusiles atravesando mi corazón podrán destruirlo.

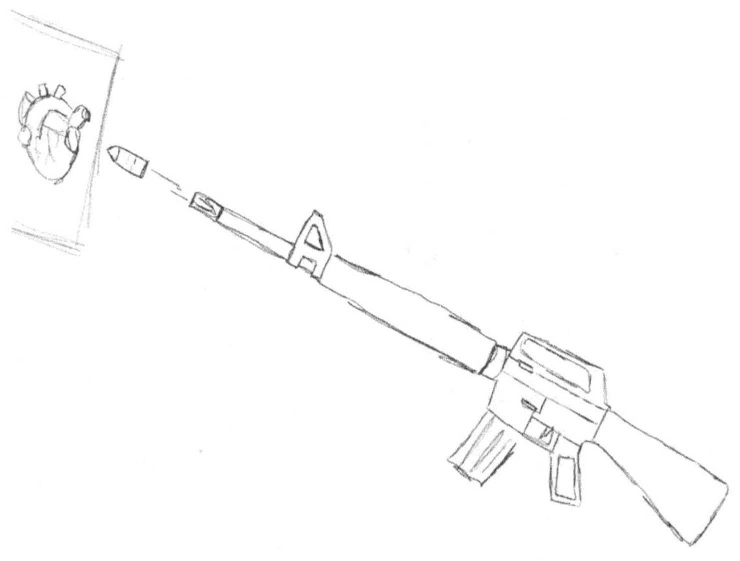

Mi mejor amigo

No quiero imaginar el momento en el que ya no estés, el momento en el que no escuche tu voz, en el que no te riña, porque no hagas bien las cosas, o los paseos a tu lado.

No quiero pensar cómo me has curado el corazón y cómo se romperá cuando no vuelvas.

No quiero convencerme de que te olvidaré, porque eso no está en mis planes. Solo sé que eres y serás el amor de mi vida de cuatro patas al que más amaré en el mundo.

Ese don

Empatía. Esa gran palabra que tiene lado bueno y lado malo. Esa que solo las personas más fuertes, pero a la vez débiles pueden tener. Aquella que te hace ponerte en el lugar del otro y a la vez sufrir como si de esa persona se tratara. Ese don que puede llegar a ser lo mejor que te puede regalar la vida.

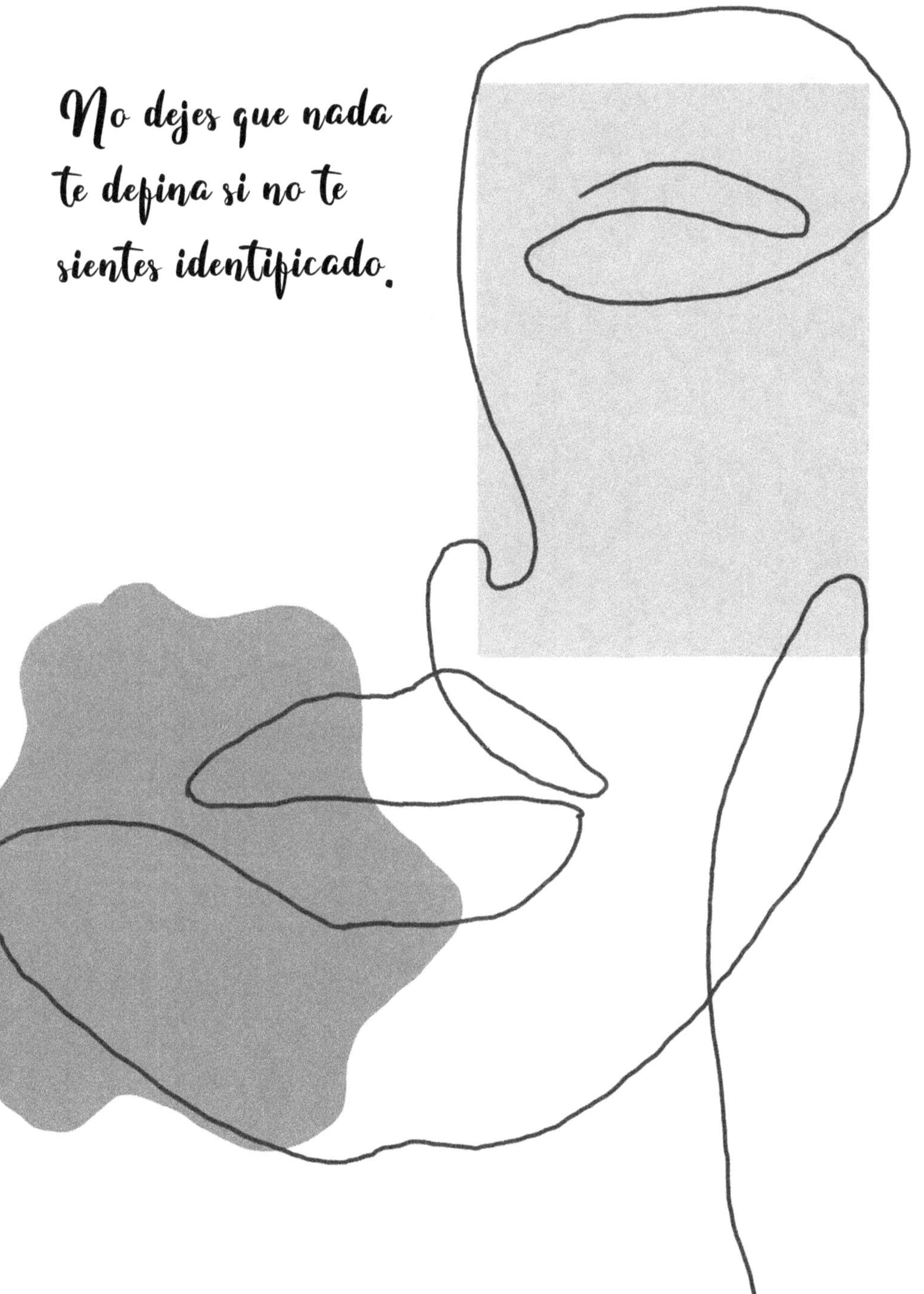

No dejes que nada
te defina si no te
sientes identificado.

Heridas del pasado

Tus desasosiegos desvelan la incertidumbre que irrumpe en tu corazón rasgado por miles de heridas de un pasado que yo, con mi paciencia e inquietud de sanadora, consigo calmar tu dolor a base de afecto, que intento sementar agrandando poco a poco tu zona de confort, para que te sientas acomodado cerca de mí.

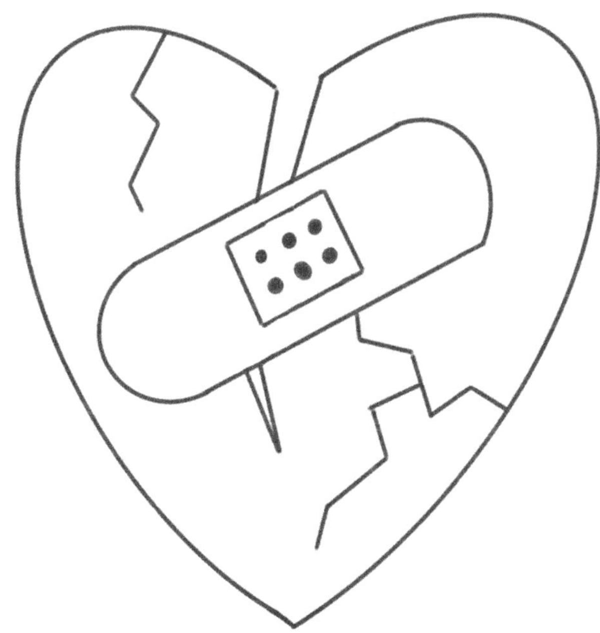

A contracorriente

Remar a contracorriente nunca fue tan fácil, y todo gracias a la fuerza que provocas en mi cuerpo y al descanso que siembras en lo más profundo de mi corazón.

Tú mismo

Qué satisfacción la de poder volar en sueños, ser millonaria o vivir siendo tú misma en ese lugar donde nadie te juzga, donde disfrutas de tu esencia y te dejas llevar por lo que ocurra.

Ojalá, y en este mundo, nos dejemos llevar algún día por los sueños y empecemos a vivir como nos merecemos.

Calendario

Y, de repente, aquel número que parecía imprescindible pasa desapercibido por las hojas del calendario.

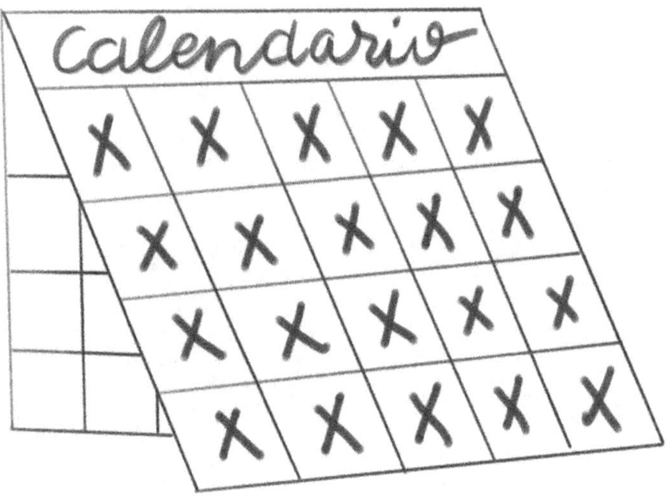

Amor-Roma

No todos los caminos llevan a ROMA, pero sí es el AMOR lo que te lleva a caminar.

Como el aire

Que caer no sea el momento para darte cuenta de que has perdido.

Date una oportunidad en la vida. Para, reflexiona y continúa.

No todo en la vida es tan positivo como en las películas de comedia, ni todo es tan negativo como en las películas de terror.

Siempre, para todo, encontrarás el paso que te llevará a la libertad de ser tú mismo.

Tu brillo

No te busqué, pero sin quererlo te encontré. En la inmensidad del mundo, entre todos los seres que existen, se encendió la luz en uno de ellos.

Y, aunque estaba roto, tu corazón brillaba más que las estrellas que conforman el firmamento.

No sé ni cómo ni cuándo, pero ahí estabas tú.

A mi lado de la cama

Qué desmadre, darme la vuelta en la cama, abrir los ojos y notarte a mi lado. Verte respirar es el mayor alivio al que me puedo enfrentar y provocarte una sonrisa es mi mayor felicidad.

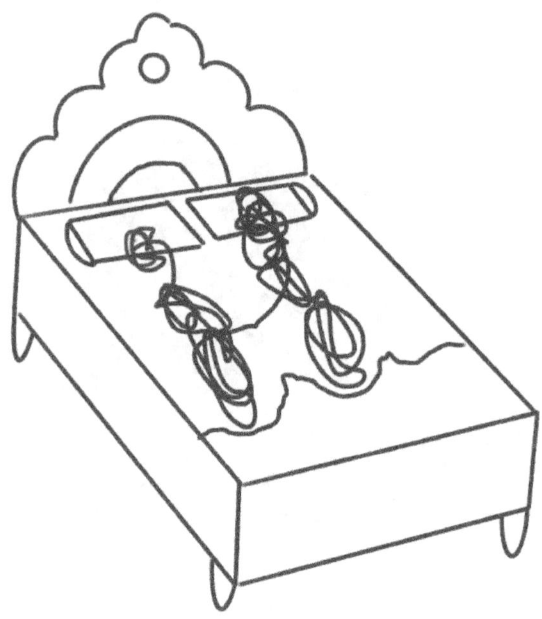

A la luz de la luna

Qué bien te sienta esa sonrisa, exponiendo tus sentimientos a la luz de la luna.

Compatibilidad

Siento perfectamente que no somos compatibles. La cognición de tu mirada me hace reflexionar que lo único que hemos hecho durante todo este tiempo ha sido forzar algo que no va a acabar bien. Pero no sé por qué, cuando te sigo mirando, me sigo enamorando.

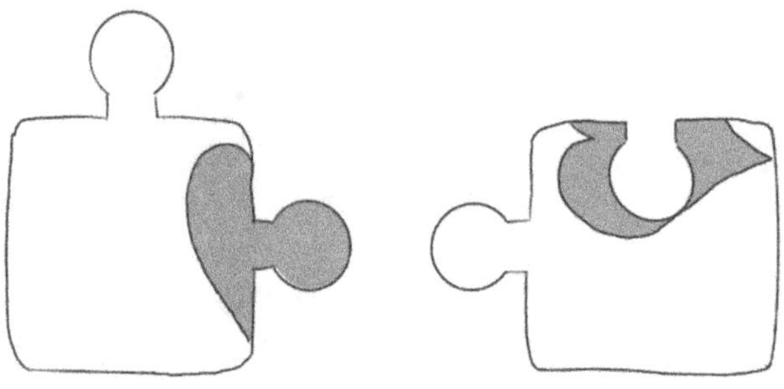

Índice

RELAJANTE NATURAL...11

FLORECER...12

MÚSICA PARA MIS OÍDOS...................................13

SIEMPRE..14

TUS MANOS..15

TU CONVERSACIÓN...16

SILENCIOS..17

UNA VERDADERA GUERRA................................18

RECUERDOS...19

SOY ASÍ...20

VIVIR..23

TUS SECRETOS...24

TÓMAME POR LOCA...26

DISTANCIA INCALCULABLE....................27

POR TI....................28

UN MARTIRIO....................29

MENOS MAL....................30

FELICIDAD....................31

QUERIDO AMIGO....................32

ESTAR LEJOS....................33

TUS BASES....................37

VOLAR....................38

COORDENADAS....................39

NUTRIAS....................40

OPORTUNIDAD....................41

EN POLVO....................42

JUZGAR....................43

HIPÓCRITA....................44

CONTIGO SIEMPRE...45

ESPEJO...46

AFECTO...49

MARIPOSAS...50

TUS BRAZOS...51

ZONA DE CONFORT...52

OLORES...53

BRILLAR...54

CANTARME AL OÍDO...55

COMO BALAS DE FUSIL...56

MI MEJOR AMIGO...57

ESE DON...58

HERIDAS DEL PASADO...61

A CONTRACORRIENTE...62

TÚ MISMO...63

CALENDARIO.................................64

AMOR-ROMA.................................65

COMO EL AIRE.................................66

TU BRILLO.................................67

A MI LADO DE LA CAMA.................................68

A LA LUZ DE LA LUNA.................................69

COMPATIBILIDAD.................................70